腸の善玉菌を増やす！

「乳酸発酵」でつくる野菜漬け

料理 細野佑香（発酵料理家）
監修 石原新菜（イシハラクリニック副院長）

PHP

腸の善玉菌を増やす！「乳酸発酵」でつくる野菜漬け　もくじ

1章 体の中から元気に！「乳酸発酵の野菜漬け」の力

医師　石原新菜

2章 毎日の食事に取り入れたい「乳酸発酵の野菜漬け」レシピ

発酵料理家　細野佑香

【本書の決まり】

- 小さじ1は5mL、大さじ1は15mL、カップ1は200mLです。
- 野菜類は、指定がない場合、洗う、皮をむく、ヘタ・筋・種を取るなどの作業を済ませてからの手順を説明しています。適宜、行ってください。
- 火加減は、断りがない限りすべて中火です。
- 調理（加熱）時間は目安です。お使いの調理器具によって調節してください。

1章

体の中から元気に！
「乳酸発酵の野菜漬け」
の力

医師 石原新菜

「乳酸発酵の野菜漬け」が体にいい理由

もともと野菜についている乳酸菌を発酵の力で増やす

野菜を塩水に数日漬け込んでつくる「乳酸発酵の野菜漬け」ですが、そもそもなぜ、野菜を塩に漬けるだけで乳酸発酵するのでしょう。

畑で育ったほとんどの野菜には、乳酸菌が付着しています。それを刻んで塩に漬けると、浸透圧によって野菜に含まれる果糖やブドウ糖などがしみ出てきます。乳酸菌がそれらを分解して乳酸が生成され、さらに乳酸菌が増えて発酵が進むのです。

野菜をただの水に漬けておくと乳酸菌以外の雑菌が繁殖し、腐ってしまいますが、これらの菌は塩を嫌います。

さらに、乳酸菌ができる過程でつくられる乳酸はとても強い酸で、雑菌の繁殖を抑えます。その結果、野菜は「腐敗」するのではなく「発酵」し、乳酸菌たっぷりのお漬け物＝乳酸発酵の野菜漬けができるというわけです。

野菜から生成される乳酸菌は生きたまま腸に届く！

乳酸菌は、私たちの体によい働きをしてくれる「善玉菌」の代表格です。この乳酸菌は、ヨーグルトやチーズなどの発酵食品にも豊富に含まれていますが、それら動物性乳酸菌というのは酸に弱いため、胃の中に入ると胃酸によってほとんどが死んでしまいます。

一方、乳酸発酵の野菜漬けによって生成される植物性乳酸菌は酸に強いため、生きたまま腸に届くのです。

近年、胃酸によって破壊されてしまった動物性乳酸菌の死骸《しがい》も腸によい影響を与えることがわかってきましたが、研究の結果、動物性乳酸菌より植物性乳酸菌を摂《と》ったほうが、腸内により多くの乳酸菌を取り込めることが明らかになりました。

もう一つ、乳酸発酵の野菜漬けがよいのは、野菜から食物繊維が摂れることです。

腸内環境を整えるには、乳酸菌を摂るだけでなく、腸内で乳酸菌を増やさなくてはいけません（詳しくは後述）。そのためには、乳酸菌のエサとなるものが必要です。それが、食物繊維です。

ですから、野菜を材料とする乳酸発酵の野菜漬けは、体によい乳酸菌をたっぷり摂れる上に、食物繊維によって腸内に乳酸菌を増やせるという、ダブルの効果が期待でき、効率よく腸内環境を整えることができるのです。

善玉菌の乳酸菌が腸内環境を整える

腸内を酸性に保ち悪玉菌を増えにくくする

では、なぜ腸の中に乳酸菌が増えると腸内環境が整うのでしょう。

腸の中には、約１００兆個もの細菌が棲《す》んでいるといわれています。この腸内細菌は、体によい働きをする「善玉菌」と悪さをする「悪玉菌」、そして、これら2種類の菌のうち数の多いほうの味方につく「日和見《ひよりみ》菌」の3種類に分類されます。

一般的に、腸の中で善玉菌が2割、悪玉菌が1割、日和見菌が7割の割合で存在するのがバランスのよい状態とされ、悪玉菌が増えすぎると腸内環境が悪化します。ですから、普段から善玉菌を増やすことが大切。善玉菌の数が多ければ、日和見菌が味方をしてくれるので善玉菌の勢力が強まり、その結果、腸の中はほとんど善玉菌になるというわけです。

それでも、悪玉菌がゼロになるわけではありません。実は、悪玉菌にも消化吸収を助けるなどの役割があり、なくては困るもの。腸内環境にとって重要なのはあくまでも3つの細菌のバランスで、そのためには「悪玉菌を増やさないこと」と「善玉菌を増やすこと」が大切です。

善玉菌と悪玉菌のどちらかが減ると、もう一方が増え、そのバランスによって腸内の状態は酸性かアルカリ性に傾きます。
悪玉菌は酸性を嫌い、アルカリ性を好みますが、善玉菌は逆に酸性を好み、アルカリ性を嫌います。善玉菌の代表格である乳酸菌は、発酵作用によって乳酸や酢酸《さくさん》をつくり出して腸内の状態を酸性に保つため、悪玉菌が増えにくくなり、その数を抑えることができるのです。

毎日少しずつコンスタントに摂り続けることが大事

腸内の環境が整うまでには、最低２週間は必要だといわれています。善玉菌も、今日たくさん摂ったからしばらくは補給しなくてもいい、ということではなく、コンスタントに摂り続けることが重要です。
乳酸発酵の野菜漬けの摂取量の目安としては、１日３回の食事ごとに50グラムくらいずつ。例えば、生のキャベツを50グラムというと相当な量ですが、乳酸発酵漬けにするとぐっとカサが減り、ちょうど食べやすい量になります。
乳酸発酵の野菜漬けはそのままはし休めとして食べてもいいですし、本書で紹介しているようにサラダに混ぜたり、さまざまな料理に利用すればすぐに必要量をカバーすることができます。数種類をつくっておけば、飽きずに続けられるでしょう。

不調にサヨナラ！

「乳酸発酵の野菜漬け」のよいところ10

①便秘解消

食物繊維には、水に溶ける「水溶性」と水に溶けない「不溶性」の2種類があります。野菜に多く含まれるのは後者の、不溶性食物繊維です。

不溶性食物繊維は腸の中を掃除するように働き、腸の蠕動《ぜんどう》運動を促すので、便通が改善します。

乳酸発酵の野菜漬けの場合はさらに、乳酸菌が腸内を酸性に保ってくれるので悪玉菌の増殖が抑えられ、善玉菌が増えて腸内細菌のバランスが整います。

腸内環境のバランスがよい状態になると、腸の動きが活性化し、大腸の中を便が移動しやすくなり、便秘が解消するのです。

②疲労回復

野菜に含まれるビタミンB_1は糖質、ビタミンB_2は脂質、ビタミンB_6はタンパク質の代謝を促します。

熱に弱いビタミン類も、乳酸発酵の野菜漬けなら加熱しないので、それぞれの効果を十分得ることができます。しかも、これらの栄養価は野菜を乳酸発酵させることで、さらにアップします。

代謝が上がるとエネルギーをつくれるため疲労感が解消。さらに、アクティブに動ける体になります。

ちなみに、乳酸発酵の野菜漬けは火を通すと乳酸菌は死んでしまいますが、腸内でほかの乳酸菌のエサとなるのでムダになりません。

③免疫力アップ

ウイルスや病原菌などは口や鼻から体の中に侵入するため、腸までの消化管はつねに外敵の脅威にさらされています。その外敵から体を守るため、腸には免疫細胞の約70％が集まっていて、「腸管免疫」と呼ばれています。

腸内にはいろいろな免疫細胞が存在しますが、乳酸菌はまず、そのうちの「M細胞」のスイッチを押すことがわかっています。そこから連鎖的に、ほかの免疫細胞が次々に活性化します。

乳酸菌を摂ると、腸内の免疫細胞全般が活発になって免疫力が上がり、風邪を引きにくく、肺炎や食中毒など感染症に負けない体になります。

④高血圧予防

乳酸菌には、血圧を下げる働きがあることがわかっています。さらに、野菜に含まれるカリウムには体の中の余分なナトリウムの排出を促す働きがあるので、血圧上昇を予防します。

高血圧のおもな原因として、血管の内側にコレステロールによるプラークや中性脂肪がこびりついて詰まったり、血管が硬くもろくなる動脈硬化が挙げられます。

野菜に豊富に含まれる食物繊維には、コレステロールや中性脂肪を吸着して便に出す働きがあります。それによって動脈硬化を防ぐことができ、高血圧の予防・改善につながります。

⑤美肌効果

皮膚のダメージは、紫外線や乾燥などの外的な原因と、腸の調子や代謝といった体内の状況の悪化が影響します。

乳酸発酵の野菜漬けは、そのどちらの改善にも効果的。野菜にはビタミンＣやビタミンＢ群が含まれており、表皮細胞の入れ替わりが正常に行われるようサポートする働きがあるので、紫外線によるメラニンの増殖で起こるシミやそばかす、乾燥による肌荒れが改善するのです。

また、乳酸菌の力で腸内環境が整い、食物繊維によってさらに乳酸菌が増えるので、悪玉菌の増殖を抑えられ、血中に毒素が吸収されるのを防ぎます。その結果、肌の調子は一気に改善します。

⑥ダイエット効果

乳酸菌によって、腸の中に短鎖脂肪酸《たんさしぼうさん》がつくられます。短鎖脂肪酸には酪酸《らくさん》、酢酸、プロピオン酸の３種類があり、これらの短鎖脂肪酸はおもに大腸でつくられ、大腸から体内に吸収されます。

酪酸は大腸のエネルギー源となり、腸管の蠕動運動が促されて代謝が上がります。酢酸とプロピオン酸は、肝臓や筋肉で代謝に活用されます。代謝が上がると脂肪を効率よく燃焼できるので、太りにくくやせやすい体が手に入ります。

なお、野菜はよく噛んで食べることで満腹感が得られ、食べすぎを防ぎます。その意味でも、乳酸発酵の野菜漬けのダイエット効果は高いといえるでしょう。

⑦アンチエイジング

　体が酸化すると、肌荒れや肩こり、慢性疲労や高血圧といった老化現象が生じます。その酸化を引き起こすのが、活性酸素という物質です。活性酸素には細菌やウイルスを撃退する働きもありますが、過剰に増えると細胞を傷つけ、体の老化を加速させます。そこで大きな役割を果たすのが、乳酸菌。乳酸菌は活性酸素が過剰に増えるのを防いでくれます。

　さらに、野菜にはビタミンＣ、ビタミンＥ、ポリフェノールなどの抗酸化物質も豊富。乳酸発酵の野菜漬けは、乳酸菌と抗酸化物質の２つの力で活性酸素の増殖を防ぎ、体を若々しく保ってくれるのです。

⑧アレルギー予防

　約３割の日本人が、何らかのアレルギーを持っているといわれます。アレルギーとは、健康を守る免疫のシステムが、何らかの原因によって逆に体を傷つけてしまう反応のことです。

　アレルギーが起こる原因としては、環境の変化やストレスのほか、食生活の乱れも挙げられます。肉やインスタント食品、ファストフードを食べてばかりだと、油分や糖分、塩分が多くなりがちです。栄養の偏った食生活を続けていると腸内細菌のバランスが崩れ、アレルギー性疾患につながりかねません。

　アレルギーの予防には腸内環境を整えることが大切なのです。

⑨冷え予防

体の冷えが慢性化すると、腸も冷えて動きが悪くなります。腸の働きをよくするには、体を冷やさないことも大切ですが、便秘になると代謝も血行も悪くなり、それが冷えの原因になるので、便通をよくすることも不可欠です。

腸の働きをよくし、便秘を解消するには、腸内環境を整えることが肝心です。

乳酸発酵の野菜漬けを食べることで腸の中に乳酸菌が増え、腸内環境が整ってくると食べ物の栄養をきちんと吸収することができ、自分で熱をつくれる体になります。また、乳酸菌と食物繊維の働きによって便秘も改善。代謝が上がり、冷えが解消します。

⑩ストレス対策

腸の不調は脳に反映し、脳がストレスを受けると腸の状態も悪くなります。これを「脳腸相関」といいます。

ストレスを受けると、幸せホルモンであるセロトニンが不足して心のバランスが崩れ、腸の調子も乱れます。ストレス対策にはセロトニンを増やすことが大切なのですが、近年、セロトニンは脳ではなく腸でつくられていることが明らかになりました。

セロトニンは腸内でトリプトファンというアミノ酸から合成されるのですが、この合成を担っているのが善玉菌。乳酸菌はセロトニンをつくり、ストレス耐性を高めてくれるのです。

2章

毎日の食事に取り入れたい「乳酸発酵の野菜漬け」レシピ

発酵料理家 **細野佑香**

「乳酸発酵の野菜漬け」を始めよう！

おいしい！ 簡単！ 体にいい！ 「乳酸発酵の野菜漬け」は毎日の食事の救世主

乳酸発酵の野菜漬けは、野菜と塩で仕込む漬け物です。ドイツのザワークラウトなどがよく知られています。

本書で紹介する乳酸発酵の野菜漬けは、すぐき漬けやしば漬けなど、日本でも保存食としてつくられてきた塩漬けの一種で、野菜についている乳酸菌を自然発酵させたものです。この乳酸菌を増やすことで野菜の甘みが増し、酸味が出てきます。

つくり方も簡単です。保存袋に野菜と塩（または塩水）を入れて3日ほど常温発酵させるだけ。それだけで、腸内環境を整える乳酸菌たっぷりの漬け物ができます。そしてうれしいことに、いろいろな種類の乳酸発酵の野菜漬けを常備しておけば、毎日の食事づくりのハードルがぐっと下がります。ここでは、乳酸発酵の野菜漬けの5つのメリットを紹介しましょう。

1つ目は、時短で料理がラクになります。乳酸発酵の野菜漬けは、そのままでも食べられるのがいいところ。すぐにあえものやサラダになります。

2つ目は、味つけに悩みません。乳酸発酵の野菜漬けは旨みを多く含み、すでに味がついているので、調味料代わりに使えば、味が決まりやすくなります。
3つ目は、そのまま一品として食卓に出すことができます。冷蔵庫から出すだけで一品追加することができます。食材が何もない！　というときでも、ご飯と汁物に乳酸発酵の野菜漬けがあれば、心も体もホッとする食事になります。
4つ目は、食材をムダにしません。ついうっかり野菜をダメにした経験は誰にでもあると思います。乳酸発酵の野菜漬けを仕込んでおけば、食材によっては半年ほど保存できるので、野菜をムダにすることなく食べきることができます。
5つ目は、塩漬けすることで、野菜本来のおいしさを引き出すことができます。甘みと酸味、さらに旨みも出ていいことばかりです。
このように、体にいいだけでなく、食事づくりの救世主となってくれる乳酸発酵の野菜漬けは、常備菜として大活躍してくれます。

次ページから、15種類の乳酸発酵の野菜漬けのつくり方と知っておきたいポイントや注意点、さらに乳酸発酵の野菜漬けを使ったアレンジレシピを紹介していきます。
いつもの料理に乳酸発酵の野菜漬けを食材として使うだけで、乳酸菌を毎日、少しずつ取り入れることが、簡単に実現できます。
さあ、乳酸発酵の野菜漬けを始めてみましょう。

け」のつくり方

袋を使って手軽にできる、乳酸発酵の野菜漬けのつくり方を紹介します。ここでは例として白菜を漬けています。

1 乳酸発酵の白菜漬けに必要な材料

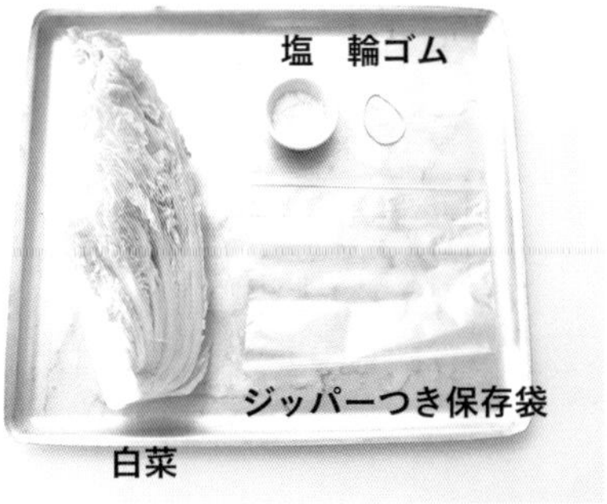

白菜、塩、輪ゴム、ジッパーつき保存袋を用意する。野菜の量によって袋のサイズは変える。

2 野菜の重さを量り、3%の塩を入れる

白菜はざく切りにし、ジッパーつき保存袋に入れて重さを計る（a）。ここでは白菜300gに対して3%の塩9gを入れる（b）。

3 袋を閉じてふり、15分ほどおく

袋に空気を入れて閉じて塩が全体にまわるようにふり（c）、15分ほどおく（真夏は冷蔵庫）（d）。

4 袋の空気をしっかり抜く

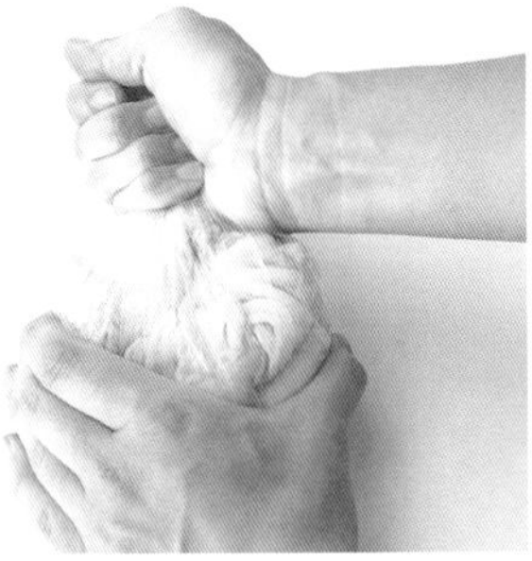

乳酸菌は無酸素状態で増えるので、しっかり空気を抜く。

基本の「乳酸発酵の野菜漬

5 袋の空気を抜きながら輪ゴムで縛る

e

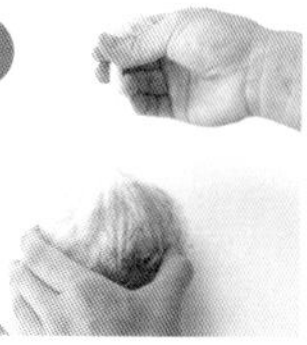

袋の口の先をねじる。

f

輪ゴムをかける。

g

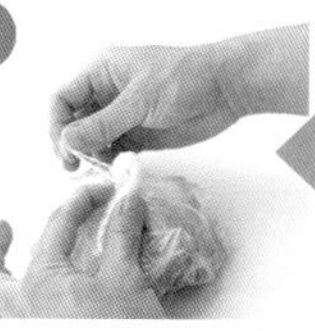

ねじった口を二重に折り返す。

h

輪ゴムをぐるぐると2〜3回結びつける。

i

ねじった口の隙間から輪ゴムの端を出す。

j

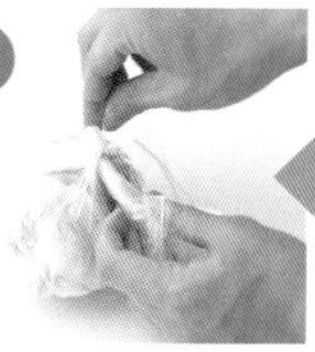

頭に輪ゴムをひっかける。

6 常温発酵させる

2〜3日常温で発酵させ、酸味のある香りがしたら完成。冷蔵保存にする。**袋に空気が入ったら抜いて輪ゴムを縛り直す。**白菜は冷蔵で約3カ月保存可能。

発酵の進み具合

真夏なら1日、真冬なら3日ほどで以下のように発酵が進みます。乳酸菌は空気が入ると増えづらくなるので、空気を抜きながら発酵させます。

1日目

しんなりとし、白菜自体の水分が出てくる。

2日目

少し色が落ちてくる。**乳酸菌が増えて空気が入るので、袋の空気を抜いて輪ゴムを縛り直す。**

3日目

発酵が進み、白菜の色もあせて酸味の香りが強くなる。冷蔵保存に切り替える。

おきたいポイント

失敗しないための注意点と、乳酸発酵の野菜漬けをよりおいしく食べるためのポイントを紹介します。

ポイント❶

清潔な手、道具で

発酵中は、余計な菌が増えてしまわないように清潔な手、道具を使うこと。ボウルなどを使う場合も、アルコールや食品用エタノールで消毒しておくと安心です。

ポイント❷

なるべく新鮮な野菜を使う

野菜は新鮮なほうが乳酸菌の数が多いです。また、農薬を使っていない野菜のほうが乳酸菌が多くいるため、発酵しやすいのでおすすめです。

ポイント❸

塩はミネラル豊富なものを

発酵を促しやすいように、天日塩などのミネラルを豊富に含んだ塩がおすすめです。

ポイント❹

塩は野菜のヘタや種を除いた総量で計算する

発酵は塩分濃度が大切です。ヘタや種を取る野菜であれば、それらを除いた後の総量で塩の分量を量りましょう。

ポイント❺

野菜が空気に触れないように

乳酸菌は嫌気性の菌で、空気を嫌います。野菜から出たエキス、または塩水の保護下（水面下）で発酵するため、野菜がしっかり浸かるようにします。

「乳酸発酵の野菜漬け」の知って

ポイント❻

いろいろな野菜で漬けよう

野菜によってついている乳酸菌が違います。いろいろな野菜の乳酸発酵漬けを食べることで、さまざまな乳酸菌を摂ることができます。

ポイント❼

漬け汁も活用しよう

乳酸発酵漬けの漬け汁は腸を整えるので飲むことができます。スープや煮込みなどの料理に使うことができ、おいしさもアップします。

ポイント❽

香りや味で発酵具合の判断を

発酵しているか、腐っていてもう食べられないかどうかは、香りや味で判断します。腐敗臭がしたり、少し食べてみておいしくないと感じたりしたら、食べるのはやめてください。日々、食べていると、味の変化が確認でき、どれくらいで食べきるとおいしいうちに食べられるかがわかるようになります。夏は発酵が早く進むので、常温発酵のときは様子を見ながら、不安な場合は1日早くても冷蔵保存に切り替えてOK。冷蔵庫でもゆるやかに発酵は進みます。

保存のヒント

完成したら、3日ほどで食べきれる分を袋から保存容器に移しておくと使いやすいです。保存は野菜によりますが短いもので2週間、長いもので3カ月から半年ほど保存できるものもあります。

乳酸発酵のパプリカ漬け

赤と黄色のパプリカを使った、甘みと酸味のバランスがよい、色鮮やかな乳酸発酵の野菜漬けです。

パプリカのクリームチーズクラッカー

パプリカとくるみの食感が楽しい、腸活おつまみです。

パプリカと
ミックスビーンズのサラダ

乳酸発酵パプリカの酸味とベーコンの旨みの相性が抜群です！

乳酸発酵のパプリカ漬け

保存期間
冷蔵で
約2週間

材料（つくりやすい分量）

パプリカ……4個
パプリカの種とヘタを取った総量の3%の塩

つくり方

1 パプリカは種とヘタを取り、縦1.5cm幅に切る。
2 ジッパーつき保存袋にパプリカと塩を入れ、袋を閉じて塩が全体にまわるようにふる。
3 15分ほどおき（真夏の場合は冷蔵庫で）、空気を抜くようにして袋を輪ゴムで縛る。
4 常温で2〜3日発酵させ、酸味のある香りがしたら冷蔵保存する。

パプリカのクリームチーズクラッカー

材料（2人分）

乳酸発酵のパプリカ漬け
（1cmの角切り）……4切れ
クリームチーズ……大さじ4
にんにく（すりおろす）……1/3かけ
くるみ（粗く砕く）……4個
黒こしょう……少々
クラッカー……6枚
チャービル（あれば）……適宜

つくり方

1 ボウルにクリームチーズ、乳酸発酵のパプリカ漬け、にんにく、くるみを入れ、まんべんなく混ぜる。
2 1をクラッカーにのせ、黒こしょうをふり、あればチャービルをあしらう。

パプリカと
ミックスビーンズのサラダ

材料（2人分）

乳酸発酵のパプリカ漬け（1.5㎝の角切り）……5〜6切れ
ミックスビーンズ缶……1缶（約100g）
ブロックベーコン（1.5㎝の角切り）……4cm
紫玉ねぎ（みじん切り）……1/4個
A オリーブ油……大さじ3
A レモン果汁……大さじ2
A 塩……小さじ1/4
塩・黒こしょう……各少々
クレソン……適宜

つくり方

1 ブロックベーコンをフライパンで炒め、軽く焼き色をつける。

2 ボウルに水切りしたミックスビーンズ、**1**、乳酸発酵のパプリカ漬け、紫玉ねぎを入れ、Aを加えて混ぜる。

3 塩で味を調えて、黒こしょうをふり、刻んだクレソンをあしらう。

パプリカと
長芋のヘルシーグラタン

長芋と米粉でとろみをつけた軽やかなグラタンです。

パプリカとえびのパエリア

パプリカの酸味が効いた、
サフランなしの簡単パエリア。

パプリカと
長芋のヘルシーグラタン

材料（2人分）

乳酸発酵のパプリカ漬け	5切れ
鶏もも肉	1/2枚
長芋	5cm
玉ねぎ	1/2個
しめじ	1/4パック
にんじん	1/3本
塩	小さじ1/3
A 牛乳	300mL
A 米粉	大さじ2
塩・こしょう	各少々
溶けるチーズ	適量
オリーブ油	大さじ2

つくり方

1 鶏肉は一口大に切る。乳酸発酵のパプリカ漬けは角切り、長芋は8㎜幅の半月切り、玉ねぎはくし形切りにする。しめじは石づきを落としてほぐし、にんじんは5㎜幅の半月切りにする。

2 オリーブ油を熱したフライパンに玉ねぎ、にんじん、長芋、しめじの順に加えて炒める。

3 鶏肉を加えて塩小さじ1/3を全体にふる。鶏肉に火が通ったら、パプリカ、合わせたAを加えて炒める。

4 とろみがついてきたら耐熱容器に入れ、塩・こしょうをふる。溶けるチーズをのせ、200〜250度のオーブンできれいな焼き色がつくまで10分ほど焼く。

MEMO

米粉の代わりに小麦粉にしてもOK。牛乳の代わりに豆乳にしてもおいしいです。

パプリカとえびの
パエリア

材料（2人分）※直径25cmのフライパン使用

乳酸発酵のパプリカ漬け	8切れ
えび（殻つき）	7尾
玉ねぎ	1/4個
しめじ	1/2パック
グリーンアスパラガス	3本
にんにく	1かけ
米	1合
水	300mL
塩	小さじ1
ターメリック	小さじ1/2
オリーブ油	大さじ3
黒こしょう	少々
レモン	1/4個

つくり方

1 玉ねぎ、にんにくはみじん切りにする。しめじは石づきを落としてほぐす。乳酸発酵のパプリカ漬けは半分に切り、グリーンアスパラガスは根元の固い部分をピーラーでむき、3cm長さに切る。

2 フライパンにオリーブ油、にんにくを入れて弱火で香りを出し、えびを加えて中火でサッと炒めて取り出す。

3 **2**のフライパンに玉ねぎ、しめじを入れて炒める。玉ねぎの香りがたったら、米（研がないまま）を加えて油をまとわせるように炒める。

4 **3**に水、塩、ターメリックを加えて煮立てる。

5 **4**にえびをのせてフタをし、17分ほど蒸し煮する。グリーンアスパラガスと乳酸発酵のパプリカ漬けを彩りよくのせ、フタをしてさらに3分ほど蒸し煮する。

6 フタを取り、水分を飛ばすように3分ほど加熱する。

7 黒こしょうをふり、くし形切りして半分に切ったレモンをあしらう。

乳酸発酵の
小松菜の茎漬け

茎の部分だけを使った、野沢菜のような味と食感の乳酸発酵漬けです。炒め物やスープなど幅広く使えます。

小松菜の茎の鶏そぼろ

ほんのり酸味が効いた鶏そぼろをレタスで包んでいただきます。

小松菜の茎の和風チャーハン

シャキシャキとした茎の食感がアクセント。

小松菜の茎と納豆のレンズ豆スープ

カレー風味がポイントのお豆たっぷりのスープです。

乳酸発酵の小松菜の茎漬け

保存期間
冷蔵で
約3カ月

材料（つくりやすい分量）

小松菜の茎の部分……5〜6束分
小松菜の茎の総量の3%の塩

つくり方

1 小松菜の茎は1cm長さのざく切りにする。

2 ジッパーつき保存袋に小松菜の茎と塩を入れ、袋を閉じて塩が全体にまわるようにふる。

3 15分ほどおき（真夏の場合は冷蔵庫で）、空気を抜くようにして袋を輪ゴムで縛る。

4 常温で2〜3日発酵させ、酸味のある香りがしたら冷蔵保存する。

小松菜の茎の鶏そぼろ

材料（2人分）

乳酸発酵の小松菜の茎漬け……80g
鶏ひき肉……200g
ごま油……大さじ2
しょうが（みじん切り）……1かけ
塩……適量
A［しょうゆ……大さじ2
　 みりん……大さじ1
白いりごま……少々
レタス……適量

つくり方

1 フライパンにごま油としょうがを入れて弱火で熱し、ひき肉を加え、塩少々をふって中火で炒める。

2 **1**に7割ほど火が通ったらAを加えて炒める。

3 乳酸発酵の小松菜の茎漬けを加えてサッと火を通し、白ごまとごま油少々（分量外）をまわしかけ、塩で味を調える。

4 器に盛り、ちぎったレタスを添える。

小松菜の茎の和風チャーハン

材料（2人分）

乳酸発酵の小松菜の茎漬け……50g
ご飯……茶碗2杯分
玉ねぎ（みじん切り）……1/2個
ちりめんじゃこ……15g
カリカリ梅（粗くみじん切り）……2個
ごま油……大さじ2
しょうが（みじん切り）……1かけ
塩……少々
白いりごま……少々

つくり方

1 フライパンにごま油としょうがを入れて弱火で熱し、玉ねぎを加えて少し色づくまで中火で炒める。

2 **1**にちりめんじゃこを加えて炒め、さらにご飯を加えて全体がよく混ざるように炒める。

3 カリカリ梅と乳酸発酵の小松菜の茎漬けを加えサッと炒める。

4 塩で味を調えて火を止め、ごま油（分量外）をひとまわしする。お椀型に盛りつけて白ごまをふる。

小松菜の茎と納豆のレンズ豆スープ

材料（2人分）

乳酸発酵の小松菜の茎漬け……50g
ひきわり納豆（混ぜる）……1パック
レンズ豆（乾）……1/3カップ
水……400mL
ターメリック……小さじ1/3
塩……小さじ1/2
オリーブ油……大さじ3
クミンシード（あれば）……小さじ1/2
にんにく（みじん切り）……1かけ
しょうが（みじん切り）……1/2かけ
黒こしょう……少々

つくり方

1 鍋によく洗ったレンズ豆と水、塩ひとつまみ（分量外）を入れて火にかけ、アクを取りながら煮立たせる。ターメリックと塩を加えて弱火で20分ほど煮る。

2 フライパンにオリーブ油、あればクミンシードを入れて弱火で熱し、にんにく、しょうがを加える。

3 **1**のレンズ豆がやわらかくなったら**2**を加え、乳酸発酵の小松菜の茎漬け、納豆を加えて混ぜる。

4 塩（分量外）で味を調えて器に盛り、オリーブ油（分量外）、黒こしょうをふる。

乳酸発酵のなす漬け

料理にアレンジするとなすに味がしっかりしみ込んでおいしくなります。

野菜たっぷり春雨サラダ

おつまみにもなる春雨サラダ。

5種のにぎやかのり巻き

いろいろな食材が楽しめる具だくさんののり巻きです。

食べるおかずラー油

ひとふりすれば、なんでもおいしくなる魔法のラー油です。

乳酸発酵のなす漬け

保存期間
冷蔵で
約2週間

材料（つくりやすい分量）

なす ………… 3〜4本
なすのヘタを取った総量の3%の塩

つくり方

1 なすはヘタを取り、縦半分に切り、8mm幅の斜め切りにする。
2 ジッパーつき保存袋になすと塩を入れ、袋を閉じて塩が全体にまわるようにふる。
3 15分ほどおき（真夏の場合は冷蔵庫で）、空気を抜くようにして袋を輪ゴムで縛る。
4 常温で2〜3日発酵させ、酸味のある香りがしたら冷蔵保存する。

野菜たっぷり春雨サラダ

材料（2人分）

乳酸発酵のなす漬け ………… 60g
春雨（乾） ………… 50g
きゅうり（せん切り） ………… 1本
にんじん（せん切り） ………… 1/4本
ハム（せん切り） ………… 2枚
もやし（ゆでて水気をきる） ………… 1/2袋
A 純米酢 ………… 大さじ2
A しょうゆ ………… 大さじ1と1/2
A ごま油 ………… 大さじ1
塩 ………… 少々
白いりごま ………… 少々
糸唐辛子 ………… 少々

つくり方

1 ボウルにゆでて水気をきった春雨を入れ、ハサミで食べやすい長さに切る。
2 1に水気をきった乳酸発酵のなす漬け、きゅうり、にんじん、ハム、もやしを加えて混ぜる。
3 2に合わせたAをまわしかけてあえ、塩で味を調える。
4 器に盛り、白ごまをふって糸唐辛子をあしらう。

5種のにぎやかのり巻き

材料（2人分）

乳酸発酵のなす漬け（水気をきる）……30g
しいたけ（薄切り）……3個
しょうが（せん切り）……1/3かけ
しょうゆ・みりん……各大さじ1
卵……1個
にんじん（せん切り）……30g
きゅうり（せん切り）……1/2本
塩……適量
菜種油……大さじ2
ご飯……250g　すし酢……30g
焼きのり……1枚　漬け物……適量

つくり方

1 フライパンに菜種油大さじ1としょうがを入れ、弱火で香りを出す。しいたけ、しょうゆ・みりんを加えて中火で煮つめる。
2 ボウルにご飯とすし酢を入れ混ぜる。
3 卵に塩少々を入れて混ぜ、残りの菜種油を熱したフライパンで厚めの薄焼き卵を焼き、1cm幅に細長く切る。
4 にんじんは塩少々をふって塩もみし、水気をきる。
5 巻きすにのりをおき、**2**を広げ、**1**、**4**、きゅうり、乳酸発酵のなす漬け、**3**を中央において巻く。
6 食べやすいように切って器に盛り、漬け物を添える。

食べるおかずラー油

保存期間
冷蔵で
約**2**週間

材料（つくりやすい分量）

乳酸発酵のなす漬け
（水気をきりみじん切り）……30g
玉ねぎ（薄切り）……1/2個
にんにく（薄い輪切り）……1かけ
アーモンドスライス……20g
A 一味唐辛子……大さじ1
A パプリカパウダー……大さじ1
A コチュジャン……大さじ1
A 塩……小さじ1/2
白いりごま……大さじ2
ごま油……200mL
豆腐（お好みのもの）……適量

つくり方

1 鍋にごま油を熱し、玉ねぎを入れ、弱めの中火できつね色になるまで7〜8分揚げて取り出す。
2 同じ鍋ににんにくを入れ、きつね色になるまで7〜8分揚げて取り出す。
3 フライパンでアーモンドスライスを中火で乾煎りし、少し色づくまで火を通す。冷めたら軽く砕く。
4 **2**の油が冷めたらAを加えて混ぜ、白ごま、**1**、にんにく、**3**、乳酸発酵のなす漬けを入れて混ぜる。
5 水切りした豆腐にかける。

乳酸発酵のトマト漬け

発酵が進むととろとろになるトマトは、汁ごと料理に使うのがおすすめです。

トマトのサルサソース

発酵したトマトの旨みがクセになります。

トマトと
あずきのチリコンカン

抗酸化作用のあるあずきがたっぷりです。

乳酸発酵のトマト漬け

保存期間
冷蔵で
約3週間

材料（つくりやすい分量）

トマト……5個
トマトのヘタを取った総量の3%の塩

つくり方

1 トマトはヘタを取り、1cmほどの角切りにする。
2 ジッパーつき保存袋にトマトと塩を入れ、袋を閉じて塩が全体にまわるようにふる。
3 15分ほどおき（真夏の場合は冷蔵庫で）、空気を抜くようにして袋を輪ゴムで縛る。
4 常温で2〜3日発酵させ、酸味のある香りがしたら冷蔵保存する。

トマトのサルサソース

材料（2人分）

乳酸発酵のトマト漬け……大さじ4
玉ねぎ（みじん切り）……1/8個
ピーマン（細かく角切り）……1/2個
セロリ（細かく角切り）……1/3本
きゅうり（細かく角切り）……1/2本
にんにく（すりおろす）……1/2かけ
レモン果汁……大さじ1
オリーブ油……大さじ2
黒こしょう・塩……各少々
パクチー（1.5cm長さに切る）……1/2束
トルティーヤチップス……適量

つくり方

1 ボウルに乳酸発酵のトマト漬け、玉ねぎ、ピーマン、セロリ、きゅうりを入れて混ぜる。
2 **1**ににんにく、レモン果汁、オリーブ油、黒こしょうを入れて混ぜる。
3 食べる直前にパクチーをあえ、塩で味を調える。
4 器に盛り、トルティーヤチップスを添える。

トマトと
あずきのチリコンカン

材料（2人分）

乳酸発酵のトマト漬け	150g
乳酸発酵のトマト漬けの漬け汁	50mL
豚ひき肉	300g
玉ねぎ（粗いみじん切り）	1個
にんじん（粗いみじん切り）	1/2本
煮あずき（市販・無糖）	400g
にんにく（みじん切り）	1かけ
オリーブ油	大さじ3
塩	適量
しょうゆ	大さじ1/2
ガラムマサラ（あれば）	少々
イタリアンパセリ（刻む）	少々
黒こしょう	少々

つくり方

1 フライパンににんにくとオリーブ油を入れて弱火で香りを出し、ひき肉を入れて塩少々をふって中火で炒め、8割ほど火を通す。

2 玉ねぎ、にんじんを入れ、玉ねぎが茶色く色づくまで炒める。

3 煮あずきと乳酸発酵のトマト漬けと漬け汁、しょうゆを加え、弱火で15分ほど煮る。

4 汁気が飛んだら火を止めて、塩で味を調え、あればガラムマサラを加えて混ぜる。

5 器に盛ってイタリアンパセリをのせ、オリーブ油（分量外）をまわしかけ、黒こしょうをふる。

MEMO

乳酸発酵のトマト漬けの発酵が進み、実の部分がほぼなかったら、トマト1個を粗いみじん切りにして「つくり方4」で追加してください。

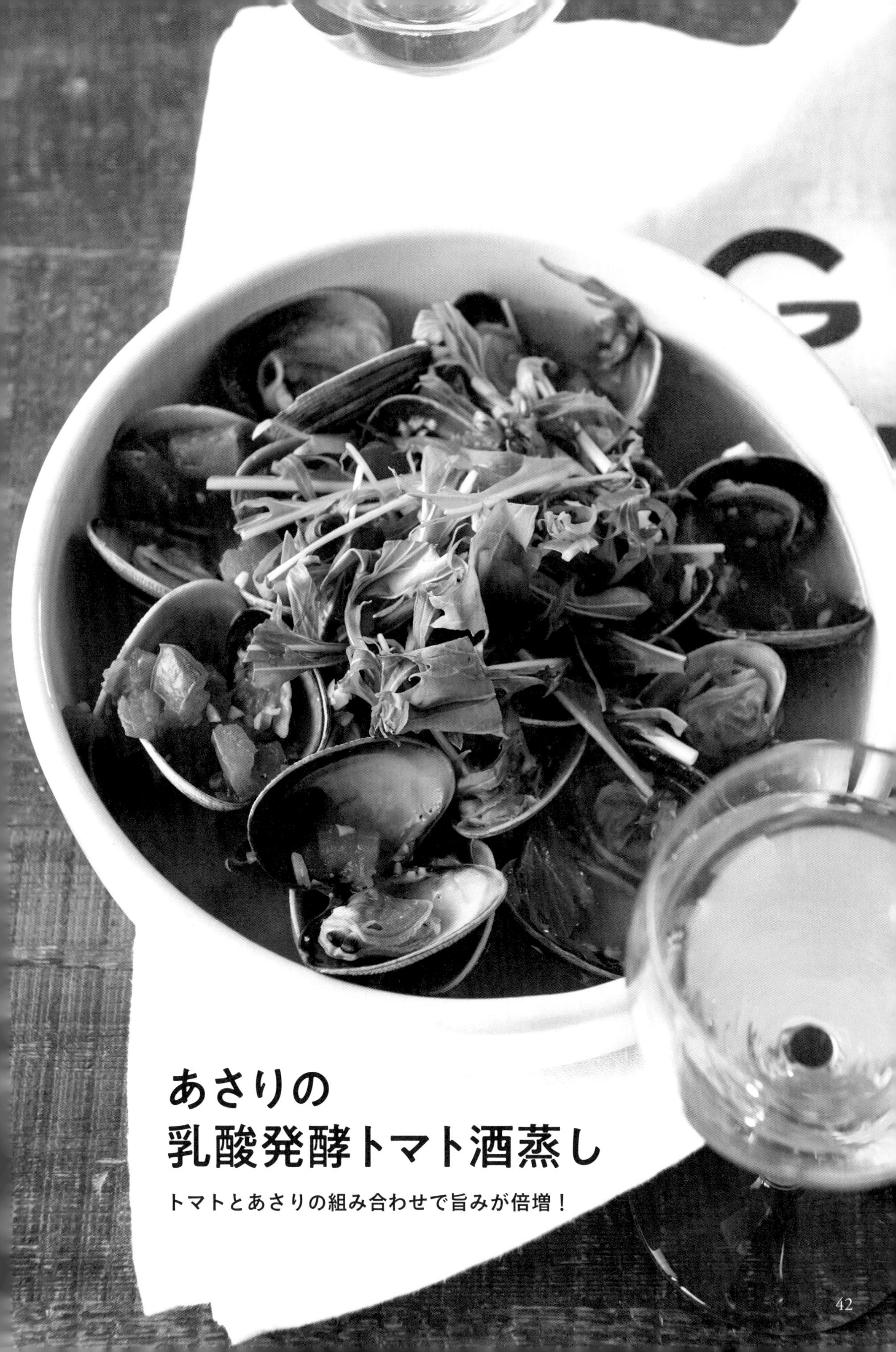

あさりの
乳酸発酵トマト酒蒸し

トマトとあさりの組み合わせで旨みが倍増！

トマトのとろとろ
オープンオムレツ

トマトは最後にトッピングするので
乳酸菌たっぷりです。

あさりの
乳酸発酵トマト酒蒸し

材料（2人分）

乳酸発酵のトマト漬け	大さじ4
あさり	250g
にんにく	1かけ
オリーブ油	大さじ2
白ワイン	1/4カップ
水菜	適量

つくり方

1 あさりは砂抜きしておく。にんにくはみじん切り、水菜は3㎝長さに切る。

2 フライパンににんにくとオリーブ油を弱火で熱して香りを出す。

3 **2**にあさり、白ワイン、乳酸発酵のトマト漬けを加え、フタをして中火で5～6分蒸し煮する。

4 あさりの口が開いたら、火を止めて皿に盛り、水菜をのせる。

トマトの
とろとろオープンオムレツ

材料（2人分）

乳酸発酵のトマト漬け……大さじ2
乳酸発酵のトマト漬けの漬け汁……大さじ3
卵……3個
マッシュルーム……4個
にんにく……1かけ
オリーブ油……大さじ4
黒こしょう……少々
粉チーズ……少々

つくり方

1 にんにくはみじん切り、マッシュルームは4つ切りにする。

2 フライパンにオリーブ油大さじ1をひき、マッシュルームを入れてサッと炒めて火を通し、別皿に移しておく。

3 ボウルに卵を溶きほぐし、乳酸発酵のトマト漬けの漬け汁を加えて混ぜる。

4 フライパンにオリーブ油大さじ3とにんにくを入れ弱火で熱する。香りがたったら、中火にしてフライパンが十分温まったら**3**の卵液を一気に入れ、1分ほどそのままにして火を通す。

5 フライパンのふちの卵液に火が通ったら軽くくるりと混ぜ、好みのとろとろ加減になったところで素早く皿に盛りつける。

6 **2**のマッシュルームと乳酸発酵のトマト漬けをトッピングしてオリーブ油（分量外）をまわしかけ、黒こしょう、粉チーズをふりかける。

乳酸発酵のセロリ漬け

セロリの茎の部分を使った乳酸発酵漬け。ほんのりとした酸味とセロリの香りが口の中に広がります。

トマトの中華風ザクザクセロリソースがけ

皮むきトマトとセロリの食感の違いが楽しめます。

白身魚のカルパッチョサラダ

セロリとレモンのソースでさわやかな一品。

えびとアボカドのタルタルオープンサンド

マヨネーズを使わないヘルシーなタルタルソースです。

乳酸発酵のセロリ漬け

保存期間
冷蔵で
約2週間

材料（つくりやすい分量）

セロリ……3本
筋取りしたセロリの茎の総量の3%の塩

つくり方

1 セロリは葉を落として8㎜幅の輪切りにする。
2 ジッパーつき保存袋にセロリと塩を入れ、袋を閉じて塩が全体にまわるようにふる。
3 15分ほどおき（真夏の場合は冷蔵庫で）、空気を抜くようにして袋を輪ゴムで縛る。
4 常温で2〜3日発酵させ、酸味のある香りがしたら冷蔵保存する。

トマトの中華風ザクザクセロリソースがけ

材料（2人分）

乳酸発酵のセロリ漬け（粗いみじん切り）……50g
トマト（中）……2個
セロリの葉（粗く刻む）……軽くひとつかみ
玉ねぎ（みじん切り）……1/8個
A にんにく（すりおろす）……1/2かけ
A ごま油・純米酢……各大さじ1
塩……少々

つくり方

1 トマトのヘタにフォークをさし、表面を直火であぶり、皮をむく。
2 ボウルに乳酸発酵のセロリ漬け、セロリの葉、玉ねぎを入れる。
3 **2**にAを加えてよく混ぜ、塩で味を調える。
4 トマトを薄切りにして器に並べ、**3**をかける。

白身魚のカルパッチョサラダ

材料（2人分）

乳酸発酵のセロリ漬け（みじん切り）……50g
白身魚の刺身……6切れ
レモン（みじん切り）……1/8個
みょうが（みじん切り）……1個
オリーブ油……大さじ3
塩……少々
ベビーリーフ……適量

つくり方

1 ボウルに乳酸発酵のセロリ漬け、レモン、みょうが、オリーブ油を入れて混ぜ、塩で味を調える。

2 器に刺身を盛りつけ、**1**をかける。ベビーリーフを盛りつけ、全体にオリーブ油（分量外）をまわしかける。

えびとアボカドのタルタルオープンサンド

材料（2人分）

乳酸発酵のセロリ漬け（みじん切り）……30g
えび……4尾
アボカド（1.5cmの角切り）……1/2個
卵……2個
A［オリーブ油・レモン果汁……各大さじ2
　にんにく（すりおろす）……1/2かけ
塩・黒こしょう……各少々
バゲット……適量
チャービル（あれば）……少々
ピンクペッパー（あれば）……少々

つくり方

1 えびは殻をむき、沸騰したお湯で4分ほどゆでて粗くみじん切りにする。

2 【半熟玉子】沸騰したお湯に卵を入れて7分ほど中火でゆで、粗熱を取り、1.5cmほどの角切りにする。

3 ボウルに**1**、アボカド、**2**、乳酸発酵のセロリ漬けを入れて混ぜる。

4 **3**にAを加えて混ぜ、塩・黒こしょうで味を調える。

5 バゲットに**4**をたっぷりのせ、あればチャービルをあしらい、ピンクペッパーを散らす。

乳酸発酵のみょうが漬け

発酵によりみょうがが茶色に変色してきますが大丈夫。はし休めから混ぜご飯の具まで幅広く使えます。

砂肝・きゅうり・みょうがの冷製おつまみ

柚子の香りが合うヘルシーおつまみです。冷やすとおいしさがアップ。

お手軽 ちらし寿司

ハレの日にもぴったりな華やかなメニュー。

みょうがの だしのせそうめん

ご飯やお豆腐にのせても
相性抜群です。

乳酸発酵のみょうが漬け

保存期間
冷蔵で
約2週間

材料（つくりやすい分量）

みょうが……5〜6個
みょうがの根元をカットした総量の3%の塩

つくり方

1 みょうがは根元（汚れた部分）を切り落とし5mm幅の斜め切りにする。
2 ジッパーつき保存袋にみょうがと塩を入れ、袋を閉じて塩が全体にまわるようにふる。
3 15分はどおき（真夏の場合は冷蔵庫で）、空気を抜くようにして袋を輪ゴムで縛る。
4 常温で2〜3日発酵させ、酸味のある香りがしたら冷蔵保存する。

砂肝・きゅうり・みょうがの冷製おつまみ

材料（2人分）

乳酸発酵のみょうが漬け……50g
砂肝……200g
塩……小さじ1
きゅうり……1本
A しょうゆ・純米酢……各大さじ1と1/2
A ゆず果汁……少々

つくり方

1 砂肝は厚めの薄切りにする。きゅうりは蛇腹切りにする。
2 沸騰したお湯に塩を入れ、砂肝を入れて3分ほどゆでたらザルにあげる。
3 ボウルに**2**、きゅうり、乳酸発酵のみょうが漬けを入れる。
4 **3**にAを加えてあえる。冷蔵庫で冷やす。

お手軽ちらし寿司

材料（2人分）

ご飯……1.5合分
すし酢……大さじ3

【錦糸玉子】
卵……1個　菜種油……大さじ1
塩……少々

【しいたけ佃煮】
しいたけ（7㎜幅に切る）……4個
菜種油……大さじ1
しょうが（みじん切り）……1/2かけ
しょうゆ・みりん……各大さじ1

【塩もみきゅうり】
きゅうり（薄切り）……1本　塩……少々

【鮭のほぐし身】
生鮭……1/2切れ　塩……少々

乳酸発酵のみょうが漬け……30g
ラディッシュ（薄切り）……2個
とんぶり（あれば）……少々

つくり方

1. 【錦糸玉子】卵に塩を入れて溶く。熱したフライパンに菜種油をひき、卵液を入れて広げ、弱火で両面を焼く。粗熱が取れたらせん切りにする。
2. 【しいたけ佃煮】フライパンに菜種油としょうがを入れ、弱火で香りを出す。しいたけ、しょうゆ・みりんを加えて炒め、味をなじませる。
3. 【塩もみきゅうり】きゅうりは塩もみして5分ほどおき、水分を絞る。
4. 【鮭のほぐし身】鮭に塩をふり、グリルで焼いてほぐし身にする。
5. ご飯にすし酢を入れて混ぜ、粗熱を取り、水分を飛ばす。
6. 器に**5**を盛り、すべての具材を彩りよくのせる。

みょうがのだしのせそうめん

材料（2人分）

乳酸発酵のみょうが漬け（みじん切り）……80g
きゅうり（5㎜角切り）……1本
しそ（みじん切り）……5枚
長ねぎの白い部分（みじん切り）……1/3本
しょうが（みじん切り）……1/2かけ
A しょうゆ……大さじ1と1/2
A みりん……大さじ1　削り節……少々
A 白いりごま……小さじ1　オリーブ油……大さじ2
そうめん（乾）……適量

つくり方

1. ボウルに乳酸発酵のみょうが漬け、きゅうり、しそ、長ねぎ、しょうがを入れて混ぜる。
2. **1**にAを加えて混ぜ、塩（分量外）で味を調える。
3. ゆでたそうめんに**2**をたっぷりのせる。

乳酸発酵の白菜漬け

白菜自体の水分で漬かる乳酸発酵白菜。使い切れないことが多い白菜はまとめて漬けておくと重宝します。

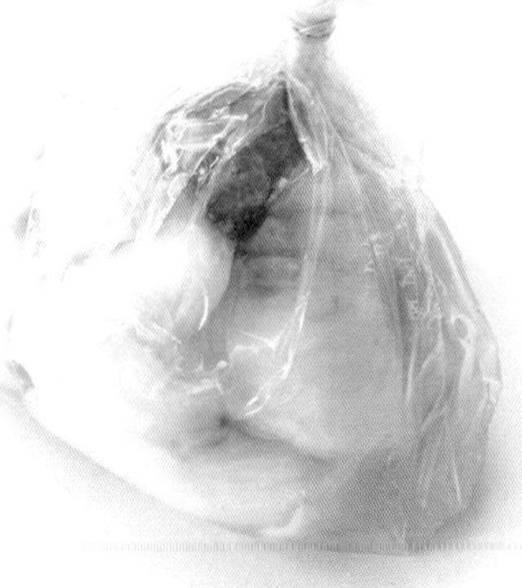

白菜とちくわのはし休め

白菜の酸味と納豆昆布がよく合います。

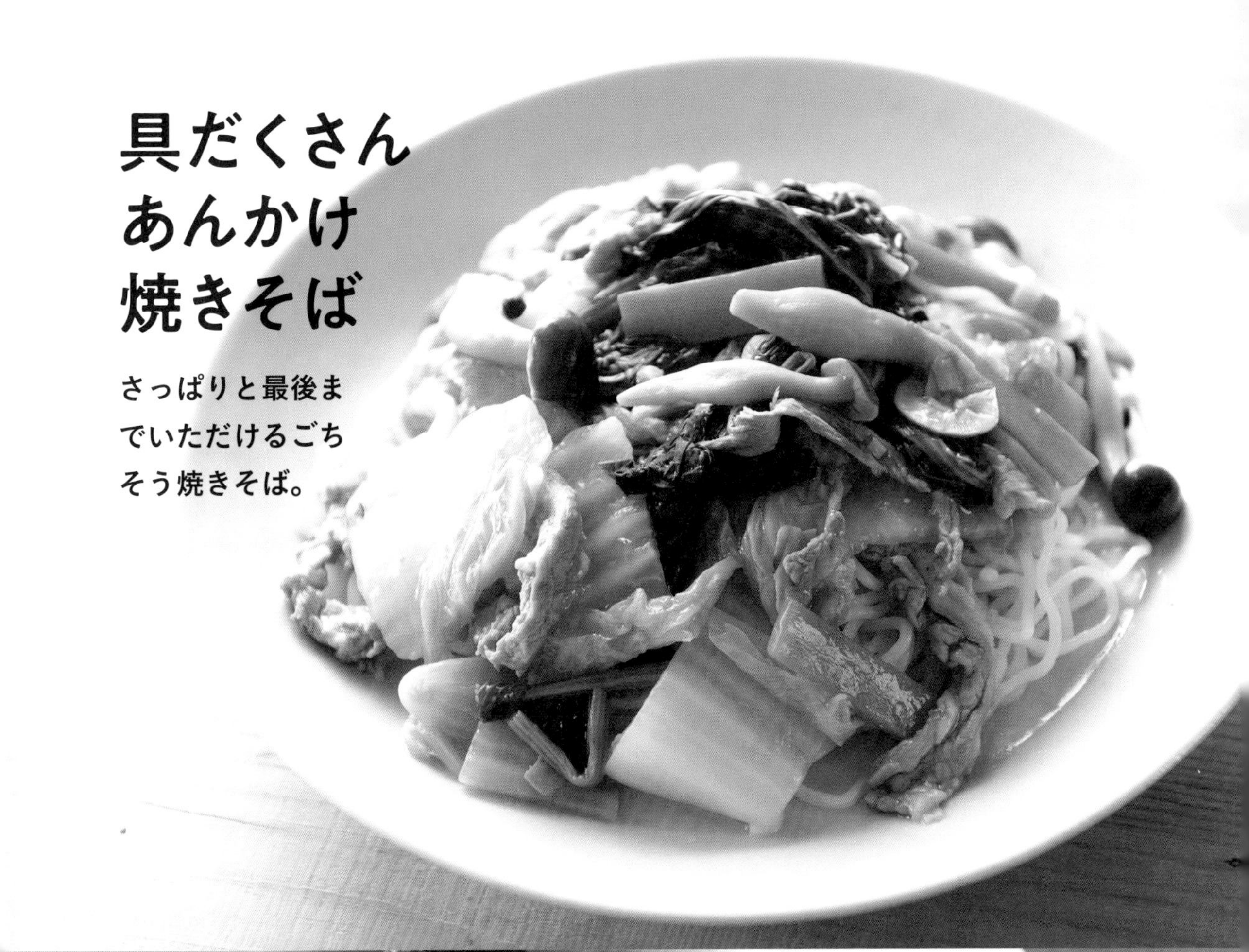

具だくさんあんかけ焼きそば

さっぱりと最後までいただけるごちそう焼きそば。

白菜とベーコンのトマト煮込み

白菜の漬け汁もたっぷり入れて、濃厚な旨みを引き出します。

乳酸発酵の白菜漬け

保存期間
冷蔵で
約**3**カ月

材料（つくりやすい分量）

※詳しいつくり方はP18を参照

白菜	1/4個
白菜の総量の3%の塩	

つくり方

1 白菜はざく切りにする。

2 ジッパーつき保存袋に白菜と塩を入れ、袋を閉じて塩が全体にまわるようにふる。

3 15分ほどおき（真夏の場合は冷蔵庫で）、空気を抜くようにして袋を輪ゴムで縛る。

4 常温で2〜3日発酵させ、酸味あるの香りがしたら冷蔵保存する。

白菜とちくわのはし休め

材料（2人分）

乳酸発酵の白菜漬け	50g
ちくわ	2本
納豆昆布	少々
白いりごま	少々

つくり方

1 ちくわは7〜8㎜幅の斜め切りにする。

2 ボウルにすべての材料を入れて混ぜる。納豆昆布のねばりが出てきたら完成。

具だくさんあんかけ焼きそば

材料（2人分）

乳酸発酵の白菜漬け	80g
豚もも肉（一口大に切る）	50g
にんじん（短冊切り）	1/4本
しめじ（石づきを落としてばらす）	1/2パック
ほうれん草（4cm長さに切る）	1束
しょうが（みじん切り）	1かけ
ごま油	大さじ4
A 水	100mL
A しょうゆ	大さじ1と1/2
塩	少々
くず粉	大さじ1
焼きそば麺	2玉

つくり方

1. フライパンにごま油大さじ2としょうがを入れ、弱火で香りを出し、中火にして豚肉を炒めて7割ほど火が通ったらにんじん、しめじ、乳酸発酵の白菜漬け、ほうれん草の順に加えて炒める。
2. Aを加えて5分ほど煮立たせる。
3. 塩で味を調え、同量の水（分量外）で溶いたくず粉をまわし入れてとろみがつくまで加熱する。
4. 別のフライパンにごま油大さじ2を入れ、中火で炒めた焼きそばを器に盛り、**3**をかけてごま油（分量外）をまわしかける。

白菜とベーコンのトマト煮込み

材料（2人分）

乳酸発酵の白菜漬け	100g
乳酸発酵の白菜漬けの漬け汁	100mL
玉ねぎ（粗いみじん切り）	1個
ブロックベーコン（1.5cm幅に切る）	5cm
なす（乱切り）	2本
カットトマト缶	1缶（400g）
にんにく（みじん切り）	2かけ
ローリエ	1枚
オリーブ油	大さじ2
塩	少々
黒こしょう	少々

つくり方

1. 鍋にオリーブ油とにんにくを入れて弱火で香りを出し、中火にして玉ねぎを炒める。
2. **1**にベーコン、なすを加えて炒める。
3. 乳酸発酵の白菜漬けと漬け汁、トマト缶、ローリエを加えて30分ほど弱火で煮る。
4. 塩で味を調え、オリーブ油（分量外）をまわしかけ、黒こしょうをふる。

乳酸発酵のかぶ漬け

やさしい味のかぶの乳酸発酵漬けは、どんな食材とも合います。

かぶと柿の白あえ

かぶの甘みと酸味が完熟柿と合う！

かぶとかきのオイル漬け

常備菜にもなる口福の味。パスタにあえても、バゲットにのせても。

かぶの韓国風スープ

濃厚なごまのスープに乳酸発酵したかぶの酸味がなじみます。

乳酸発酵のかぶ漬け

保存期間
冷蔵で
約3週間

材料（つくりやすい分量）

かぶ……5〜6個
かぶの葉を落として皮をむいた総量の3%の塩

つくり方

1 かぶは縦半分に切って、5㎜幅の半月切りにする。
2 ジッパーつき保存袋にかぶと塩を入れ、袋を閉じて塩が全体にまわるようにふる。
3 15分はどおき（真夏の場合は冷蔵庫で）、空気を抜くようにして袋を輪ゴムで縛る。
4 常温で2〜3日発酵させ、酸味のある香りがしたら冷蔵保存する。

かぶと柿の白あえ

材料（2人分）

乳酸発酵のかぶ漬け（水気をきる）……50g
完熟柿（くし形切り）……1/2個
A
- 木綿豆腐（水切りする）……1/4丁
- みそ……小さじ1
- みりん……大さじ1
- 削り節……少々

つくり方

1 すり鉢にAを入れ、すりこぎでなめらかになるまでする。
2 1に乳酸発酵のかぶ漬けと柿を加えてさっくり混ぜる。

かぶとかきのオイル漬け

材料（2人分）

乳酸発酵のかぶ漬け（水気をきる）……50g
かき（加熱用）……7個
にんにく（半分に切る）……1かけ
赤唐辛子（種を出す）……1本
オリーブ油……適量

MEMO
すぐに食べられますが2日目以降がよりおいしくなります。1週間以内に食べきってください。

つくり方

1 かきは3％程度の塩水で洗って汚れを取り、キッチンペーパーで水気を取る。
2 フライパンにオリーブ油大さじ2を入れて中火で**1**を炒める。両面しっかり焼き、粗熱を取る。
3 煮沸またはアルコール消毒した瓶に乳酸発酵のかぶ漬け、**2**、にんにく、赤唐辛子を入れ、ひたひたになるようオリーブ油を注ぐ。

かぶの韓国風スープ

材料（2人分）

乳酸発酵のかぶ漬け……80g
豚もも肉（一口大に切る）……80g
にんじん（短冊切り）……1/4本
もやし……1/2袋
にんにく・しょうが（みじん切り）……各1かけ
長ねぎ（みじん切り）……1本
ごま油……大さじ2
塩……適量
水……2カップ
A みそ……大さじ1と1/2
A コチュジャン……小さじ1
A 練りごま……大さじ1
ラー油……少々
にら（みじん切り）……少々

つくり方

1 鍋にごま油、にんにく・しょうがを入れて弱火で香りを出し、中火にして長ねぎを入れ、色づくまで炒める。
2 **1**に豚肉を入れて塩少々をふって炒め、にんじん、もやしの順に加えて炒める。食材に火が通ったら水を加えて煮立たせる。
3 **2**に乳酸発酵のかぶ漬けを加え、Aを溶かし入れて弱火で10分ほど煮る。
4 塩で味を調えて器に盛り、ラー油をひとまわしし、にらをあしらう。

乳酸発酵のゆず漬け

ゆずの塩分濃度は20％にします。調味料のように使うのがおすすめで、味を変化させたいときに重宝します。

豚しゃぶのゆずおろしだれ

ゆずのさわやかな香りがシンプルな料理のアクセントに。

乳酸発酵ゆず入り！
濃厚ココナッツミルクカレー

アジアンテイストのカレーにゆずの酸味をプラス。

乳酸発酵のゆず漬け

保存期間
冷蔵で
約6カ月

材料（つくりやすい分量）

ゆず……3〜4個
ゆずのヘタと種を取った総量の20％の塩

つくり方

1 ゆずを横半分に切る。さらに半分に切り、5㎜幅に切る。
2 ジッパーつき保存袋にゆずと塩を入れ、袋を閉じて塩が全体にまわるようにふる。
3 15分はどおき（真夏の場合は冷蔵庫で）、空気を抜くようにして袋を輪ゴムで縛る。
4 常温で3〜5日発酵させ、酸味のある香りがしたら冷蔵保存する。

豚しゃぶのゆずおろしだれ

材料（2人分）

乳酸発酵のゆず漬け（みじん切り）……大さじ2
豚バラ肉……100g
大根（すりおろし、水気を軽く絞る）……5㎝
長ねぎ（白い部分／みじん切り）……5㎝
水菜（4㎝長さに切る）……1束

つくり方

1 豚肉は沸騰したお湯で4分ほどゆでる。
2 ボウルに大根おろし、乳酸発酵のゆず漬け、長ねぎを入れて混ぜる。
3 器に**1**と水菜を盛り、**2**をたっぷりかける。

乳酸発酵ゆず入り！
濃厚ココナッツミルクカレー

材料（2人分）

玉ねぎ（みじん切り）……1/2個
カットトマト缶……1/2缶（200g）
鶏もも肉（一口大に切る）……80g
しいたけ（7㎜幅に切る）……3個
ほうれん草（4㎝長さに切る）……1束
カレー粉……大さじ1
ココナッツミルク……400g
ナンプラー……大さじ2
乳酸発酵のゆず漬け……大さじ1と1/2
にんにく・しょうが（みじん切り）……各1かけ
オリーブ油……大さじ3
塩……少々
温かいご飯……2人分
パクチー（ざく切り）……適量

つくり方

1 鍋ににんにく・しょうが、オリーブ油大さじ2を入れ、弱火で香りを出し、玉ねぎを加えて中火で色づくまで炒める。

2 **1**にトマト缶を入れ、水分を飛ばすように炒める。

3 別のフライパンにオリーブ油大さじ1を入れ、鶏肉、しいたけ、ほうれん草の順に加えて炒める。

4 **2**の鍋にカレー粉を加え、トマトと練るように炒める。

5 **4**に**3**を入れ、ココナッツミルク、ナンプラー、乳酸発酵のゆず漬けを加えて混ぜ、5分ほど弱火で煮立たせる。塩で味を調える。

6 器にご飯を盛り、**5**をかけてパクチーをあしらう。

乳酸発酵のキャベツ漬け

常備しておくと便利なドイツの定番漬け物、ザワークラウト。料理に加えるとおいしさがアップします。

乳酸発酵キャベツのポテトサラダ

ザワークラウトと
クリームチーズでつくる
シンプルサラダ。

豚肉の
ザワークラウト蒸し煮

漬け汁とともにザワークラウトをたっぷり使った煮込みです。

乳酸発酵のキャベツ漬け

保存期間
冷蔵で
約1カ月

材料（つくりやすい分量）

キャベツ……1/2個
キャベツの芯を取った総量の3%の塩
にんにく……1かけ
ローリエ……1枚

つくり方

1 キャベツはせん切りにする。にんにくは半分に切る。

2 ジッパーつき保存袋にキャベツ、にんにく、ローリエ、塩を入れ、袋を閉じて塩が全体にまわるようにふる。

3 15分ほどおき（真夏の場合は冷蔵庫で）、空気を抜くようにして袋を輪ゴムで縛る。

4 常温で2～3日発酵させ、酸味のある香りがしたら冷蔵保存する。

乳酸発酵キャベツのポテトサラダ

材料（2人分）

乳酸発酵のキャベツ漬け（水気をきる）……80g
じゃがいも……2個
クリームチーズ……30g
粒マスタード……大さじ1
塩……少々
ベビーリーフ……少々

つくり方

1 蒸すまたはゆでたじゃがいもは皮をむき、熱いうちにつぶす。

2 1にクリームチーズを加え、なめらかになるようによく混ぜる。

3 2に乳酸発酵のキャベツ漬けと粒マスタードを加えて混ぜる。

4 塩で味を調え、器に盛り、ベビーリーフをあしらう。

豚肉の
ザワークラウト蒸し煮

材料（2人分）

乳酸発酵のキャベツ漬け……150g
乳酸発酵のキャベツ漬けの漬け汁……50mL（なければ水）
豚バラブロック……100g
オリーブ油……大さじ2
ローリエ……1枚
塩……適量
黒こしょう……少々

つくり方

1 フライパンにオリーブ油と一口大に切った豚肉と塩少々を入れて炒める。

2 豚肉に8割ほど火が通ったら乳酸発酵のキャベツ漬けと漬け汁、ローリエを入れてフタをして弱火で5分ほど蒸し煮する。

3 塩で味を調え、器に盛る。オリーブ油（分量外）をひとまわしし、黒こしょうをふる。

乳酸発酵の
大根と
にんじん漬け

紅白の色鮮やかななます風の乳酸発酵漬けです。野菜の組み合わせもアレンジできます。

なます風とえびの
アジアンサラダ

お好みでパクチーの量は増やしてください。

なます風の
バンバンジーサラダ

濃厚なバンバンジーソースに
なます風のさっぱり感がバランスよし！

なます風とにらの
もっちりチヂミ

手軽でおいしい、米粉のチヂミです。

乳酸発酵の大根とにんじん漬け

保存期間
冷蔵で約2週間

材料（つくりやすい分量）

大根……1/3本　にんじん……1本
大根とにんじんの皮をむいた総量の3%の塩

つくり方

1 大根とにんじんは3〜5mmの細切りにする。
2 ジッパーつき保存袋に大根とにんじんと塩を入れ、袋を閉じて塩が全体にまわるようにふる。
3 15分ほどおき（真夏の場合は冷蔵庫で）、空気を抜くようにして袋を輪ゴムで縛る。
4 常温で2〜3日発酵させ、酸味のある香りがしたら冷蔵保存する。

なます風とえびのアジアンサラダ

材料（2人分）

乳酸発酵の大根とにんじん漬け……100g
えび（ゆでる）……7尾
A ナンプラー……大さじ1
A にんにく（すりおろす）……1/2かけ
A レモン果汁……大さじ1
黒こしょう……少々
パクチー（ざく切り）……適量
レモン（半分に切る）……1/8個

つくり方

1 ボウルに乳酸発酵の大根とにんじん漬け、えびを入れて混ぜる。
2 1にAを加えて混ぜる。
3 器に盛り、黒こしょうをふり、パクチーとレモンをあしらう。

なます風のバンバンジーサラダ

材料（2人分）

- 乳酸発酵の大根とにんじん漬け …… 80g
- 鶏ささみ …… 2本
- 塩 …… 少々
- 水菜（4cm長さに切る） …… 1束
- A
  - しょうゆ …… 大さじ2
  - 純米酢 …… 大さじ2
  - はちみつ …… 大さじ1
  - にんにく（すりおろす） …… 1/2かけ
  - しょうが（すりおろす） …… 1/2かけ
  - 練りごま …… 大さじ2
  - ラー油 …… 少々
- 白いりごま …… 少々

つくり方

1. 塩をふった鶏ささみを水からゆで、煮立ったら中火にして火を通し、ザルにあげて粗熱が取れたら裂く。
2. ボウルに乳酸発酵の大根とにんじん漬けと水菜を入れてあえる。
3. 器に**2**をしき、**1**をのせ、合わせたAをかけて白ごまをふる。

なます風とにらのもっちりチヂミ

材料（2人分）

- 乳酸発酵の大根とにんじん漬け …… 80g
- にら（4cm長さに切る） …… 1/2束
- 米粉 …… 100g
- 卵 …… 1個
- 水 …… 150mL
- ごま油 …… 大さじ3
- A
  - しょうゆ …… 大さじ1
  - 純米酢 …… 大さじ1
  - ごま油 …… 小さじ1
  - コチュジャン …… 小さじ1/2
  - にんにく（すりおろす） …… 少々
  - 白ごま …… 少々

つくり方

1. ボウルに米粉、溶いた卵、水を入れて混ぜる。
2. **1**ににら、水気をきった乳酸発酵の大根とにんじん漬けを加えて混ぜ合わせる。
3. フライパンにごま油を入れて熱し、**2**を流し入れて全体に広げる。
4. 中弱火で焼き、焦げ目がついたら裏返し、裏面も焼く。
5. 食べやすい大きさに切り分けて器に盛る。合わせたAを添える。

乳酸発酵のごぼう漬け

ごぼうは3%の塩水に漬けます。酸味が加わり、味わい深くなります。ごぼうはそのままでも食べられます。

ぼうのディップ

の発酵ディップ。
やサラダに。

PHPアンケートカード

PHP の商品をお求めいただきありがとうございます。
あなたの感想をぜひお聞かせください。

お買い上げいただいた本の題名は何ですか。

どこで購入されましたか。

ご購入された理由を教えてください。（複数回答可）

1　テーマ・内容　2　題名　3　作者　4　おすすめされた　5　表紙のデザイン
6　その他（　　　　　　　　　　　　　　　　　　）

ご購入いただいていかがでしたか。

1　とてもよかった　2　よかった　3　ふつう　4　よくなかった　5　残念だった

ご感想などをご自由にお書きください。

あなたが今、欲しいと思う本のテーマや題名を教えてください。

郵便はがき

料金受取人払郵便

京都中央局
承認

4719

差出有効期間
2024年2月21日
まで

（切手は不要です）

601-8790

205

京都市南区西九条北ノ内町十一

PHP研究所
家庭教育普及部
お客様アンケート係 行

1060

ご住所 □□□-□□□□		
TEL：		
お名前		ご年齢　　歳
メールアドレス	@	

今後、PHP から各種ご案内やアンケートのお願いをお送りしてもよろしいでしょうか？　□ NO
チェック無しの方はご了解頂いたと判断させて頂きます。あしからずご了承ください。

＜個人情報の取り扱いについて＞
ご記入頂いたアンケートは、商品の企画や各種ご案内に利用し、その目的以外の利用はいたしません。なお、頂いたご意見はパンフレット等に無記名にて掲載させて頂く場合もあります。この件のお問い合わせにつきましては下記までご連絡ください。（ＰＨＰ研究所　家庭教育普及部　TEL.075-681-8554　FAX.050-3606-4468）

ごぼうと
厚揚げのサッと炒め

お弁当のおかずにもなる甘辛味。

乳酸発酵のごぼう漬け

保存期間
冷蔵で
約2カ月

材料（つくりやすい分量）

ごぼう……1〜2本
3%の塩水
（水500mLに大さじ1の塩を溶かす）

つくり方

1 ごぼうは5㎜ほどの斜め切りにする。
2 ジッパーつき保存袋にごぼうと塩水を入れ、空気を抜くようにして袋を輪ゴムで縛る。
3 常温で2〜3日発酵させ、酸味のある香りがしたら冷蔵保存する。

ごぼうのディップ

材料（つくりやすい分量）

A
- 乳酸発酵のごぼう漬け……50g
- 玉ねぎ……15g
- にんにく……1/2かけ
- オリーブ油……30g
- レモン果汁……20g
- 甘酒（またははちみつ）……大さじ1

お好みのスティック野菜（きゅうり、にんじん、セロリ、ラディッシュなど）……適量

つくり方

1 Aをフードプロセッサーに入れ、なめらかになるまで撹拌する。
2 器に入れ、スティック野菜を添える。

MEMO
ディップは1日おくと味がなじんでさらにおいしくなります。

ごぼうと
厚揚げのサッと炒め

材料（2人分）

乳酸発酵のごぼう漬け……50g
厚揚げ（一口大に切る）……1枚
しょうが（みじん切り）……1/2かけ
ごま油……大さじ1
しょうゆ・みりん……各大さじ1
白いりごま……少々

つくり方

1 フライパンにごま油としょうがを入れて弱火で香りを出し、乳酸発酵のごぼう漬けと厚揚げを加えて中火にしてサッと炒める。
2 しょうゆ・みりんを加え、全体に絡まるように炒める。
3 器に盛り、白ごまをふる。

腸活ごぼうと
しらたきのチャプチェ

低カロリーのしらたきチャプチェは、
ダイエット中にもぴったりです。

乳酸発酵ごぼうの
ビビンバ丼

韓国料理のビビンバにごぼうの酸味がアクセント。

腸活ごぼうと しらたきのチャプチェ

材料（2人分）

乳酸発酵のごぼう漬け……50g
しらたき……2袋（400g）
豚ロース肉（一口大に切る）……50g
玉ねぎ（5㎜幅のくし形切り）……1/4個
にんじん（太めの細切り）……1/4本
しいたけ（7㎜幅の細切り）……2個
にら（4㎝長さに切る）……1/2束
にんにく・しょうが（みじん切り）
……各1かけ
ごま油……大さじ2
しょうゆ……大さじ1と1/2
塩……少々
白いりごま……少々
糸唐辛子……少々

つくり方

1 しらたきは食べやすい長さに切り、フライパンで10分ほど乾煎りする。

2 フライパンにごま油、にんにく・しょうがを入れ、弱火で香りを出し、中火で豚肉を炒める。

3 玉ねぎ、にんじん、しいたけの順に加えて炒める。

4 乳酸発酵のごぼう漬けと**1**、にらを加えて炒める。

5 しょうゆを加えて混ぜ、塩で味を調える。

6 器に盛り、ごま油（分量外）をひとまわしし、白ごまと糸唐辛子をあしらう。

乳酸発酵ごぼうの
ビビンバ丼

材料（2人分）

乳酸発酵のごぼう漬け（せん切り）……50g
小松菜（5cm長さに切る）……1束
にんじん（せん切り）……1/4本
もやし……1/3袋
A
- しょうゆ……大さじ4
- みりん……大さじ3
- にんにく（すりおろす）……1/2かけ
- 純米酢……大さじ2
- ごま油……大さじ1

牛バラ肉……100g
にんにく・しょうが（みじん切り）……各1/2かけ
しょうゆ・みりん……各大さじ1
ごま油……大さじ1
温かいご飯……2人分
卵黄……2個分
コチュジャン……少々
白いりごま……少々

つくり方

1 小松菜、にんじん、もやしは食感が残るようにサッとゆでる。

2 ボウルにAを入れて混ぜる。

3 小松菜、にんじん、もやし、乳酸発酵のごぼう漬けをそれぞれ**2**の適量とあえる。

4 フライパンにごま油とにんにく・しょうがを入れ、弱火で香りを出し、中火で牛肉を炒める。8割ほど火が通ったらしょうゆ・みりんを加えて炒める。

5 器にご飯をよそい、**3**と**4**の具をのせ、卵黄を中心に落とす。コチュジャンを添え、白ごまをふり、ごま油（分量外）をひとまわしする。

乳酸発酵のオクラ漬け

オクラは3%の塩水に漬けます。発酵すると緑色が少しあせてきますが、おいしく食べられます。

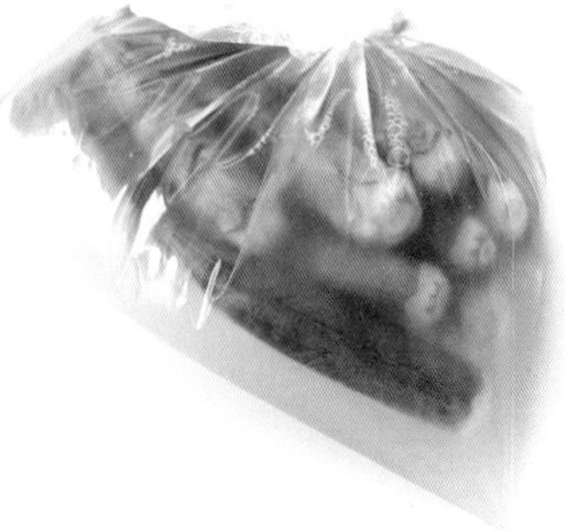

オクラと長芋の梅あえ

たたいた梅の香りがさわやか。

オクラの肉巻き

肉を巻くだけで見た目も味も豪華になります。

オクラのそばサラダ

オクラのねばり効果で
全体に味がなじみます。

乳酸発酵のオクラ漬け

保存期間
冷蔵で
約3週間

材料（つくりやすい分量）

オクラ……8本
3％の塩水
（水500mLに大さじ1の塩を溶かす）

つくり方

1 オクラはガクの部分を処理する。
2 ジッパーつき保存袋にオクラと塩水を入れ、空気を抜くようにして袋を輪ゴムで縛る。
3 常温で2〜3日発酵させ、酸味のある香りがしたら冷蔵保存する。

オクラと長芋の梅あえ

材料（2人分）

乳酸発酵のオクラ漬け
（斜めに3等分に切る）……3本
長芋（短冊切り）……4cm
きゅうり（厚めの斜め切り）……1/2本
梅干し……1個
削り節……少々
塩……少々

つくり方

1 ボウルに乳酸発酵のオクラ漬け、長芋、きゅうりを入れて混ぜる。
2 種を除いてたたいた梅干し、削り節を加えて混ぜ、塩で味を調える。

オクラの肉巻き

材料（2人分）

乳酸発酵のオクラ漬け……6本
豚ロース薄切り肉……6枚
しょうが（すりおろす）……1/3かけ
ごま油……大さじ1
しょうゆ・みりん……各大さじ1

つくり方

1 乳酸発酵のオクラ漬けを豚肉でていねいに巻く。
2 フライパンにごま油としょうがを入れて弱火で香りを出す。中火で豚肉の巻き終わり部分を下にして焼き、転がしながら全体を焼く。
3 しょうゆ・みりんを加えて絡めながら炒める。
4 肉巻きを一口大に切り、器に盛る。

オクラのそばサラダ

材料（2人分）

そば（乾）……2束
乳酸発酵のオクラ漬け
（斜めに3等分に切る）……2本
にんじん（せん切り）……1/4本
水菜（3cm長さに切る）……1/2束
A しょうゆ……大さじ1
A みりん……大さじ1/2
A 削り節……少々
A ごま油……大さじ1/2
塩……少々
白いりごま……少々

つくり方

1 ボウルにゆでたそば、乳酸発酵のオクラ漬け、にんじん、水菜を入れて混ぜる。
2 Aを加えて混ぜる。
3 塩で味を調え、器に盛って白ごまをふる。

乳酸発酵のきのこ漬け

数種類のきのこを組み合わせます。きのこはゆでて、3％の塩分濃度にしたゆで汁を使って乳酸発酵させます。

きのこのとろとろ卵スープ

ふわふわ、とろとろの体が温まる
滋養のあるスープ。

鶏肉ソテー、きのこソース

鶏肉を食べやすい大きさに切ると、きのこソースがよく絡みます。

きのことサーモンのマリネ

ワインにも合うあえるだけのマリネ。

乳酸発酵のきのこ漬け

保存期間
冷蔵で
約3週間

材料（つくりやすい分量）

きのこ3種 ………… 約500g
（しいたけ、えのき、まいたけ、しめじ、エリンギなど）

水 ………… 800mL　塩 ………… 大さじ1

つくり方

1 きのこは石づきを落とし、食べやすい大きさに切る。

2 鍋に水を沸騰させ、きのこを3分ほどゆでて水切りする。

3 ゆで汁500mLに塩を溶かす（3%の塩分濃度に）。

4 ジッパーつき保存袋に粗熱を取った**2**、**3**を入れ、空気を抜くようにして袋を輪ゴムで縛る。

5 常温で2〜3日発酵させ、酸味のある香りがしたら冷蔵保存する。

※きのこの表面に出る白い膜は無害だが、味がよくないので取り除いて保存する。

きのこのとろとろ卵スープ

材料（2人分）

乳酸発酵のきのこ漬け ………… 80g
乳酸発酵のきのこ漬けの漬け汁 ………… 200mL
水 ………… 200mL
（漬け汁が足りなければ漬け汁と水の合計を400mLにする）
長ねぎ（みじん切り） ………… 1本
A ┌ にんにく・しょうが（みじん切り） ………… 各1かけ
　 └ ごま油 ………… 大さじ2
塩 ………… 少々
卵 ………… 1個
小ねぎ（小口切り） ………… 少々

つくり方

1 鍋にAを入れて弱火で香りを出し、長ねぎを入れ、中火で少し焦げるまで炒める。

2 乳酸発酵のきのこ漬けと漬け汁、水を加えて10分ほど煮立たせる。

3 塩で味を調え、溶いた卵をまわし入れる。

4 器に盛り、ごま油（分量外）をひとまわしし、小ねぎを散らす。

鶏肉ソテー、きのこソース

材料（2人分）

乳酸発酵のきのこ漬け……80g
鶏もも肉（一口大に切る）……250g
にんにく（みじん切り）……2かけ
赤唐辛子（種を取る）……1/2本
オリーブ油……大さじ2
レモン果汁……大さじ2
塩……適量
水菜（4cm長さに切る）……適量
ベビーリーフ……適量

つくり方

1 フライパンにオリーブ油大さじ1をひき、鶏肉を入れて塩少々をふり、こんがり焼く。

2 **1**と合わせた水菜とベビーリーフを器に盛る。

3 フライパンをキッチンペーパーで拭き、残りのオリーブ油とにんにくを入れて弱火で香りを出し、赤唐辛子を入れて**1**分ほどしたら取り除く。

4 乳酸発酵のきのこ漬けを入れて中火でサッと炒め、レモン果汁を加えて混ぜ、塩で味を調える。

5 **2**の鶏肉に**4**をかける。

きのことサーモンのマリネ

材料（2人分）

乳酸発酵のきのこ漬け……50g
玉ねぎ（薄切りし、水にさらして水気をきる）……1/4個
A ┌ オリーブ油……大さじ2
A │ レモン果汁……大さじ1
A └ 黒こしょう……少々
スモークサーモン（一口大に切る）……8枚
ベビーリーフ……適量
かいわれ菜……少々

つくり方

1 ボウルに乳酸発酵のきのこ漬け、玉ねぎ、Aを入れて混ぜる。

2 **1**を冷蔵庫でよく冷やし、食べる直前にスモークサーモンとあえる。ベビーリーフを盛った器に盛りつけ、かいわれ菜をあしらう。

乳酸発酵のにんにく漬け

にんにくは3%の塩水に漬けます。約6カ月保存ができるので、まとめて漬けておけば、ちょっとした料理もおいしさと健康度がアップします。

にんにくとにんじんのドレッシング

シンプルなサラダに合う、乳酸菌たっぷりのドレッシング。

にんにくごろごろ、手羽元の煮込み

にんにくと鶏肉がホロホロと崩れる、
ご飯にもお酒にも合う煮込み。

乳酸発酵のにんにく漬け

保存期間
冷蔵で
約6カ月

材料（つくりやすい分量）

にんにく……20かけ
3%の塩水
（水500mLに大さじ1の塩を溶かす）

つくり方

1 にんにくは皮をむく。
2 ジッパーつき保存袋ににんにくと塩水を入れ、空気を抜くようにして袋を輪ゴムで縛る。
3 常温で2〜3日発酵させ、酸味のある香りがしたら冷蔵保存する。

にんにくと
にんじんのドレッシング

保存期間
冷蔵で
約1週間

材料（つくりやすい分量）

A
- 乳酸発酵のにんにく漬け……2かけ
- 乳酸発酵のにんにく漬けの漬け汁……30mL
- にんじん……75g
- 玉ねぎ……30g
- オリーブ油……30g
- 塩……3g
- しょうゆ・みりん……各小さじ1

レタス……適量

つくり方

1 Aをフードプロセッサーにかけ、なめらかになるまで撹拌する。
2 器に盛ったレタスにかける。

MEMO
すぐに食べられますが、1日おくと味がなじんでさらにおいしくなります。

にんにくごろごろ、手羽元の煮込み

材料（2人分）

乳酸発酵のにんにく漬け……8かけ
乳酸発酵のにんにく漬けの漬け汁……150mL
水……450mL
（漬け汁が足りなければ漬け汁と水の合計を600mLにする）
鶏手羽元……8本
ゆで卵……4個
しょうゆ……大さじ3
みりん……大さじ2
塩……小さじ1/2

つくり方

1 沸騰したお湯に鶏肉を入れ、3分ほどゆでてザルにあげ、水気をきる。
2 鍋に**1**と乳酸発酵のにんにく漬けの漬け汁、水を入れ、煮立ったら弱めの中火にしてアクを取りながら10分ほど煮る。
3 乳酸発酵のにんにく漬け、しょうゆ、みりん、塩を加えて弱火で10分煮る。ゆで卵を加えて5分煮る。
4 塩（分量外）で味を調える。

MEMO
すぐに食べられますが、卵に味がしみ込んだ半日後から食べるのがおすすめです。

おわりに

発酵生活を続けてきて10年になります。今後も体が動く限り続けてゆくと思います。

発酵ってむずかしそう、と思われているかもしれませんが、そんなことはありません。本当に手軽に気軽にできます。菌はそこらじゅうにいて、有用菌が増える環境をつくってあげさえすれば勝手に発酵してゆきます。発酵は菌たちにとって自然な営みです。

そもそも発酵のいちばんの目的は「体によいから」ではなく、「保存」です。

外食もない、冷蔵庫もない、食べ物がいつでも手に入るわけではなかったはるか昔から、人々は食べ物を長期にわたって保存する知恵として、発酵させてきました。

現代は、外食はできる、冷蔵庫もある、食べ物はいつでも手に入ります。それなら発酵させる必要なんてないのではないかと思われるでしょうか。

ここで、少し私の学生時代の話におつき合いください。大学時代、私は過食症になり、心身ともに絶不調だったことがあります。毎朝、最悪な気分で目覚めていました。そんな毎日からなんとか抜け出したくて、さまざまな本を読みました。どんな本にも書いてあったのは「食べたものが体と心をつくる、なぜなら幸せを感じるホルモンの大部分が腸でつくられているから」。それなら、腸によいものを食べようと思い、腸によい食生活を実践するには料理しかないと思いいたりました。

最初は苦手で嫌いだった料理でしたが、つくって食べてを繰り返していくと、みるみる自分の状態がよくなっていきました。料理は生活から外せない、と強く感じました。

でも、毎日料理をして食べるのは大変です。そこで発酵が役に立ちました。野菜の乳酸発酵漬けが家にいくつかあるととても便利なのです。何もしたくない日もご飯と汁物さえあれば、健康を保つ食事がすぐにつくれます。料理は毎日、毎食のこと。一生懸命やらず、ほどほどの力でできなくては続けられません。野菜の乳酸発酵漬けは一度つくり方を覚えたら一生ものです。もしかしたら数回失敗することもあるかもしれません。でもそれもそれ、菌の営みですから、読めないこともあります。

乳酸発酵でつくる野菜漬けは私にとってお守りのような存在です。家にいくつかあるだけで心の支え、食卓の支えです。そしてそれが体にもよいのです。この本を通して、みなさまの体と心がさらに健康になるお手伝いが少しでもできたら幸いです。

発酵料理家　細野 佑香

〈料理〉

細野佑香（ほその・ゆか）

発酵料理家。発酵レシピの考案のほか、不定期で料理教室を開催する。学生時代、自身の過食とうつを食事、主に発酵食で改善し、そのすごさを実感。家《うち》で続けられる体と心においしい料理、また、料理が楽しくなるような情報をSNSで発信する。二十四節気、旬の食材を使った発酵レシピが得意。

Instagram：@yuka_komehana

〈監修〉

石原新菜（いしはら・にいな）

医師。イシハラクリニック副院長。帝京大学医学部を卒業。自然医学の権威である父、石原結實氏とともにメキシコのゲルソン病院、ドイツのミュンヘン市民病院の自然療法科、イギリスのブリストル・キャンサー・ヘルプセンターなどを視察し、自然医学の基礎を養う。クリニックで漢方薬処方を中心とする診療を行うかたわら、テレビ・ラジオへの出演や、執筆、講演活動なども積極的に行う。著書に、『「体を温める」と子どもは病気にならない』（共著、PHP研究所）など多数。

Staff

撮影　千葉 充

スタイリング　黒木優子

装丁　朝田春未

編集協力　鈴木裕子（1章）

校正　株式会社ぷれす

本文デザイン　朝日メディアインターナショナル株式会社

腸の善玉菌を増やす！「乳酸発酵」でつくる野菜漬け

2023年3月27日　第1版第1刷発行

料　理　細野佑香

監修者　石原新菜

発行者　村上雅基

発行所　株式会社PHP研究所

京都本部　〒601-8411　京都市南区西九条北ノ内町11

〔内容のお問い合わせは〕教育出版部 ☎075-681-8732

〔購入のお問い合わせは〕普及グループ ☎075-681-8818

印刷所　大日本印刷株式会社

ISBN978-4-569-85439-7